LA RÉFORME

DE

INSTRUCTION CRIMINELLE

LETTRE D'UN ANCIEN MAGISTRAT

à un Député

PARIS

LIBRAIRIE DE LA SOCIÉTÉ DU RECUEIL GÉNÉRAL DES LOIS ET DES ARRÊTS
ET DU JOURNAL DU PALAIS

Ancienne Maison L. LAROSE & FORCEL
22, Rue Soufflot, 22

L. LAROSE, DIRECTEUR DE LA LIBRAIRIE

1898

LA REFORME

de

L'INSTRUCTION CRIMINELLE

LA RÉFORME

DE

L'INSTRUCTION CRIMINELLE

LETTRE D'UN ANCIEN MAGISTRAT

à un Député

PARIS

LIBRAIRIE DE LA SOCIÉTÉ DU RECUEIL GÉNÉRAL DES LOIS ET DES ARRÊTS
ET DU JOURNAL DU PALAIS
Ancienne Maison L. LAROSE & FORCEL
22, Rue Soufflot, 22

L. LAROSE, DIRECTEUR DE LA LIBRAIRIE

1898

Mon Cher Député,

Le projet de loi voté récemment par le Sénat sur la réforme de l'instruction criminelle, va être bientôt soumis à la Chambre des députés. En votre double qualité de publiciste et de député, il vous conviendra sans doute d'intervenir dans cette nouvelle discussion, et c'est dans cette prévision que je viens vous soumettre quelques observations qui pourront vous paraître plus ou moins fondées, mais dont vous ne reconnaîtrez, dans tous les cas, l'incontestable opportunité. Vous trouverez peut-être qu'il y a quelque témérité de la part d'un octogénaire à aborder un si grave sujet, qui semble d'ailleurs, n'avoir pour lui qu'un intérêt platonique. On a dit, en effet, avec raison, que le plus sage et le plus sûr pour celui qui approche du tombeau est d'écouter et de se taire. Mais je cède à l'irrésistible désir de donner une dernière fois mon avis sur des questions que j'ai plus longtemps et plus mûrement étudiées que la plupart de ceux qui les discutent, et de joindre ma protestation de vieux magistrat à toutes celles qui se sont déjà produites à cette occasion.

Il y a dans la voie du progrès des embranche-
ments perfides qui conduisent la société à des
marais où elle s'embourbe ; elle ne s'en tire que
par un effort violent qui peut briser ses forces et
la réduire à l'impuissance. N'est-ce pas le devoir
de tout bon citoyen, de tout homme de bonne volonté, qui peut tenir une plume et se trouve en
présence d'un grave danger social, d'intervenir à
l'endroit de la bifurcation et de crier : cassé-cou !

Pour mon compte, je crois que ce danger existe,
et je m'empresse de vous le signaler pendant qu'il
est encore temps de l'éviter.

Mes observations porteront sur trois points :

Le principe nouveau introduit par le Sénat dans
Le projet (art. 9 et 10), en ce qui concerne l'instruc
tion contradictoire ;

Lesreproches adressés à notre législation crimi--
nelle ;

Les attaques contre la magistrature.

I

Principe nouveau admis par le Sénat en ce qui concerne l'instruction contradictoire.

Je commence par déclarer que la proposition de
loi comprend un certain nombre de dispositions
contre lesquelles je n'entends élever aucune objection.

Que les droits de la défense soient plus étendus
et mieux établis à l'avenir que dans la législation
actuelle ;

Que l'inculpé soit pourvu dès le début de l'information d'un conseil avec lequel il puisse communiquer et auquel seront soumises, avant la clôture de
l'instruction, toutes les pièces de la procédure ;

Que ce conseil ait le droit, à la suite de cette instruction, de solliciter et au besoin de requérir du juge instructeur toutes les mesures qui lui paraitront utiles à son client ;

Que l'interdiction de communiquer soit réduite à de justes limites et ne puisse plus donner lieu aux abus qui ont été plusieurs fois signalés ;

Que le juge qui a instruit l'affaire soit éloigné de l'audience le jour du jugement ;

Que ce même magistrat soit soumis aux règles du droit commun, en fait de responsabilité civile et pénale, pour les faules graves qu'il peut commettre dans l'exercice de ses fonctions ;

Que ses pouvoirs, aujourd'hui trop étendus et mal définis, en ce qui touche les divers mandats et les perquisitions, soient mieux précisés et modifiés dans l'intérêt de la liberté individuelle ;

Que les fonctions si importantes et si difficiles de juge d'instruction ne soient plus confiées qu'à des hommes instruits, laborieux et expérimentés, et que ces magistrats soient l'objet, de la part de leurs chefs hiérarchiques, d'une surveillance plus active et plus constante ;

Voilà un ensemble de mesures vraiment utiles, que d'éminents publicistes et la magistrature elle-même ont plusieurs fois réclamées, et que, pour ma part, je suis tout disposé à accepter sincèrement.

Mais ce que je ne puis vraiment accepter, ce que je repousse de toutes mes forces et de toute mon énergie, c'est cette double disposition contenue dans les art. 9 et 10 du projet, qui impose au juge d'instruction l'obligation de procéder à l'interrogatoire de l'inculpé en présence de son conseil et de remettre à ce même conseil, la veille de chaque interrogatoire, les pièces de la procédure. Je regarde cette innovation comme grosse de périls pour l'avenir et comme susceptible de désorganiser de fond en comble l'administration de la justice criminelle. J'ai eu l'honneur de remplir pendant une dizaine d'années les fonctions de juge d'instruction, et je déclare hautement qu'en de telles conditions je n'aurais pas hésité à refuser ce mandat.

Introduire ainsi l'avocat de l'inculpé dans le cabinet du juge d'instruction, c'est donner raison à cette étrange doctrine, qui voit dans le magistrat instructeur le contradicteur et l'adversaire de l'inculpé, alors que la loi l'a chargé uniquement de rechercher tout ce qui peut contribuer à la découverte de la vérité, soit dans le sens de l'accusation, soit dans celui de la défense ;

C'est faire au magistrat, c'est-à-dire au représentant du pouvoir social, vis-à-vis de l'avocat, c'est-à-dire du représentant de l'intérêt privé, une situation humiliante, en plaçant près du premier un agent chargé spécialement de contrôler ses paroles et ses actes, de même que le gendarme surveille d'un œil attentif les allées et venues de l'homme qui lui a été signalé comme dangereux ;

C'est rendre beaucoup plus difficile la découverte de la vérité, soit en enlevant aux réponses de l'inculpé ce caractère de spontanéité et de sincérité qui en fait toute la valeur, soit en empêchant ces premiers aveux, qui ont bien pu, dans quelques cas infiniment rares, être arrachés par l'intimidation et le désespoir, mais qui n'en constituent pas moins habituellement la meilleure preuve de culpabilité ;

C'est affaiblir notablement la répression pénale, juste au moment où il résulte des compte-rendus officiels publiés par le ministère de la justice, que la criminalité est plus envahissante que jamais, que le nombre des récidives augmente d'une année à l'autre dans des proportions énormes, et que la jeunesse française est de plus en plus pervertie et corrompue ;

C'est s'exposer à créer entre le juge d'instruction et l'avocat des conflits regrettables, qui n'auront d'autres résultats que de prolonger la détention des prévenus et d'éterniser les procédures ;

C'est établir entre les prévenus une inégalité choquante et bien peu démocratique, en ce sens que les uns, les plus riches, pourront se payer le luxe d'un avocat habile et renommé, appartenant à ce qu'on a appelé « le grand barreau », tandis que les pauvres devront se contenter du modeste « avocat d'office », choisi habituellement parmi les jeunes avocats et appartenant au « petit barreau » ;

Enfin, c'est fournir un aliment nouveau à ce terrible fléau de notre époque qu'on nomme « l'interwiewer et le reportage », que d'excellents esprits considèrent comme le procédé souverain pour la propagation de l'erreur et du mensonge.

Au dire de quelques orateurs qui ont pris part au Sénat à la discussion du projet de loi, les reporters remplissent, aujourd'hui, les antichambres des juges d'instruction, dont quelques-uns, il faut le dire, s'y prêtent d'assez bonne grâce. D'autre part, la presse quotidienne ne cesse d'intervenir d'une manière scandaleuse dans les choses judiciaires, surtout quand il s'agit de procès touchant de près ou de loin à la politique. Elle travestit et dénature les débats, invente des témoignages, se livre à de véritables perquisitions et adresse des sommations aux magistrats eux-mêmes.

Que sera-ce lorsque les portes du cabinet du juge seront ouvertes au conseil du prévenu. A sa sortie, le conseil sera entouré d'une nuée de reporters qui lui mettront le pistolet sur la gorge pour savoir ce qui s'est passé. — Le prévenu a-t-il parlé ? a-t-il fait des aveux ? a-t-il des complices ? quelles explications a-t-il données sur le fait qu'on lui impute ? à quel point en est l'information ? Le conseil aura à répondre à toutes ces questions et à bien d'autres encore qu'il est facile de prévoir. Dans cette situation, que fera-t-il ? Il pourra, sans doute, — contrairement à ses vieilles habitudes, — fermer la bouche et garder le silence, mais il peut être

assuré, dans ce cas, d'être immédiatement. dans
les journaux de ces messieurs, l'objet d'un éreinte-
ment de première classe. S'il parle de ce qu'il a
réellement vu et entendu, il peut être censuré dis-
ciplinairement pour avoir manqué à ses devoirs
professionnels. L'avocat, qui est en général un
esprit très délié et plein de ressources, n'aura
qu'un parti à prendre s'il veut se débarrasser de
ces mendiants importuns, qui veulent absolument
lui délier la langue ; il leur contera spirituellement
une foule d'histoires amusantes auxquelles rien ne
manquera, si ce n'est la vérité, et qui n'en feront
pas moins le lendemain le tour de la presse entière.

Je ne sais si je me fais illusion, mais il me semble que ce sera là une des conséquences singulières
de la loi projetée.

Toutes ces considérations, ainsi que plusieurs
autres, fondées sur les difficultés pratiques relatives à l'application de la loi, ont été développées
devant le Sénat avec un talent de parole et une
puissance d'argumentation et de logique qui ont
vivement frappé les hommes compétents.

Parmi ces orateurs, trois surtout ont particuliè-
rement droit à la reconnaissance de la magistrature : M. Darlan, le ministre actuel de la justice,
et MM. Trarieux et Guérin, tous deux anciens gardes
des sceaux. Pour le dire en passant, M. Guérin,
notre distingué compatriote, a prouvé une fois de
plus que, tout en sortant du barreau d'un tribunal
de première instance. on pouvait faire bonne figure
à la tribune de nos grandes assemblées et occuper
dignement un des premiers rangs. Sa parole. toujours nette, sobre, élégante, est de celles qui s'im-
posent naturellement à l'attention des auditeurs.
Il possède surtout l'éloquence des affaires, la seule
qui soit possible et acceptée de nos jours.

Les adversaires du projet avaient malheureuse-
ment compté sans M. Constans, que ses tribula-

tions électorales avaient un peu tenu à l'écart dans
ces derniers temps.

Pour être libre et dégagé à la tribune, parlez-
moi de M. Constans ! orateur spirituel, incisif,
mordant, il se plait dans la lutte et ne recule devant
aucune difficulté. A l'entendre, on sent parfaite-
ment qu'on a affaire non à l'ancien professeur de
droit, mais à l'ancien ministre de l'intérieur, habi-
tué à ordonner et à commander. Son passé, loin de
lui nuire dans l'esprit de ses collègues, semble au
contraire donner à sa parole plus de poids et d'autorité.

Cet honorable sénateur s'est montré sans pitié,
je pourrais dire sans justice, pour la magistrature
actuelle et surtout pour les juges d'instruction. Il
répèterait volontiers en parlant d'eux le fameux
delenda Carthago du vieux Caton, sans songer
que la ruine de Carthage n'a pas empêché la décadence et la ruine de Rome. D'après lui, les juges
d'instruction sont généralement fort au-dessous de
leur tâche. Les anciens manquent de discrétion et
d'humanité ; l'expérience et le savoir font défaut
aux jeunes. Il ne parle pas des autres, c'est-à-dire
de ceux qui ne sont ni vieux ni jeunes, mais on
devine facilement qu'il ne les tient pas non plus
en haute estime.

Cet état de choses se trouverait complètement
changé, d'après M. Constans, par la présence du
conseil dans le cabinet du juge d'instruction. Plus
de ces tortures morales qui amenaient quelquefois de la part du prévenu l'aveu de crimes
imaginaires ! Plus d'actes de violence de la part
du juge ! Surtout plus de ces erreurs judiciaires
qu'on attribuait généralement jusqu'ici à la fai-
blesse humaine et à des circonstances exceptionnelles difficiles à prévoir et à conjurer, mais qui
tiennent uniquement (M. Constans l'affirme) à l'ignorance et à la légèreté des magistrats. Une fois l'avocat introduit dans le cabinet du juge d'instruction,
les vieux juges deviennent humains et pleins de

tact et de discrétion ; les jeunes se font remarquer par leur modération et leur prudence. Quant à ceux qui ne sont ni jeunes ni vieux, et dont l'orateur n'avait pas daigné s'occuper, ils pourront être offerts comme des modèles à l'admiration des générations futures.

On voit que c'est l'âge d'or revenu sur la terre, grâce au système de M. Constans.

On sait que la Cour de cassation, consultée par le ministre, avait donné un avis défavorable sur le projet de loi. Un autre que M. Constans aurait sans doute éprouvé quelque embarras devant une telle objection, mais qu'est-ce que la Cour de cassation pour M. Constans ? où est sa compétence pour répondre à des questions de cette nature ? est-ce bien à elle que le ministre de la justice aurait dû s'adresser pour réprimer les abus en matière judiciaire ? n'est-ce pas comme si le garde des sceaux demandait aux avoués et aux huissiers leur avis sur la simplification de la procédure et la réduction des frais de justice ? Comment cette Cour ne s'est-elle pas aperçu plus tôt que depuis près d'un siècle elle adhérait elle-même à des procédés irréguliers ? le rapporteur de la commission nommé par la Cour n'a-t-il pas lui-même fait preuve dans son travail de légèreté et de candeur : de légèreté, en s'appuyant sur des documents inexacts, de candeur, en suppososant qu'on ne connaissait pas au Sénat ce qui se passe au Palais de Justice ?

On croit vraiment rêver quand on lit de pareilles choses. Si les griefs de M. Constans étaient fondés, on pourrait lui reprocher de n'être pas allé assez loin et de manquer de logique. Ce n'est pas seulement une modification à la loi présente qu'il aurait dû demander, mais une nouvelle épuration de la magistrature. Pourquoi sa vertueuse indignation s'est-elle arrêtée en si beau chemin ? Il est vrai que des démentis formels lui ont été opposés plus d'une fois, mais il a bravement passé outre, tenant pour article de foi tous les faits qu'il avait avancés.

Malgré le peu de fondement et le peu de solidité de ces attaques passionnées, le projet de loi, y compris les art. 9 et 10, n'en a pas moins été voté à une majorité considérable.

On s'est demandé plusieurs fois à quel mobile a pu obéir le Sénat en introduisant dans notre loi criminelle cette grave innovation, dont le danger lui était signalé par un certain nombre de ses membres, auxquels leur talent et leur expérience donnaient le plus d'autorité. Ce vote est-il dû à un désir de vaine popularité ? Faut-il y voir un de ces accès de libéralisme qui éclatent de temps à autre, sans trop savoir pourquoi, dans les assemblées politiques les plus réfractaires aux idées de progrès ? Ces deux suppositions me paraissent également inadmissibles.

La popularité ! la grave Assemblée, on doit lui rendre cette justice, ne l'a jamais recherchée, et ce serait lui faire injure que de supposer qu'elle a pu se rendre à un motif aussi futile.

Le libéralisme ! On serait tenté, dans ce cas, de s'écrier, comme le grand prêtre Joad, voyant surgir du désert une Jérusalem nouvelle :

D'où lui viennent de tous côtés
Ces enfants qu'en son sein elle n'a pas portés !

Pour mon compte, je suis convaincu que le Sénat a fait, tout simplement, à son insu, une malheureuse concession à ces idées de fausse philanthropie qui s'emparent parfois, sous l'influence de certaines circonstances, des meilleurs esprits.

Je remarque, en effet, que dans ces longues discussions auxquelles a donné lieu l'étude du projet de loi, il a été beaucoup question des accusés, mais fort peu de la société. Les orateurs qui ont appuyé le projet ont complètement oublié qu'en cette matière deux intérêts également respectables sont en présence : l'intérêt de la société, qui exige la juste et prompte répression des délits ; l'intérêt des accusés, qui est bien aussi un intérêt social de premier ordre, et qui exige une complète garantie des droits de la défense. Ils ont été frappés uniquement de la situation malheureuse de l'accusé innocent et des difficultés qu'il pouvait rencontrer dans la législation existante pour se justifier. C'est là sans doute un sentiment louable, mais qu'il n'aurait pas fallu pousser jusqu'à l'exagération.

Mais je m'aperçois, mon cher député, qu'il est temps d'en finir sur ce premier point.

En résumé, les observations qui précèdent se réduisent à ceci :

Le projet de loi voté en dernier lieu par le Sénat, au sujet de l'instruction contradictoire, ne fait-il pas une trop large part aux garanties que peuvent légitimement réclamer les prévenus ?

Ne sacrifie-t-il pas un peu légèrement les garanties nécessaires à la conservation de l ordre public dans toute société civilisée ?

A la question ainsi posée, je réponds sans hésiter : Oui. le projet de loi fait une part exagérée aux droits de la défense ; oui. le principe introduit dans les art. 9 et 10 du projet est un principe faux, dangereux, blessant pour la magistrature, et d'une application d'ailleurs impossible.

Voilà pourquoi je désire vivement qu'il soit combattu par vous et finalement repoussé par la Chambre des députés.

II

Reproches adressés à la législation criminelle

Vous savez, mon cher Député, qu'à l'occasion de quelques faits isolés, sur lesquels j'aurai à revenir, la législation criminelle actuelle a été l'objet des attaques les plus vives et les plus passionnées.

La presse radicale-socialiste a naturellement profité de la circonstance pour rendre le gouvernement responsable de la conduite de ses fonctionnaires et récriminer contre les anciennes institutions du pays. A l'entendre, la législation criminelle qui nous régit serait la plus perfide, la plus tortueuse, la plus atroce de toutes les législations anciennes et modernes. Son moindre défaut serait de convertir le pouvoir judiciaire en un corps oppressif, de méconnaitre les lois les plus essentielles de la liberté individuelle, de protéger l'arbitraire et le despotisme bien plus que les citoyens ; en un mot, de n'être qu'un legs misérable de la barbarie du moyen âge. La presse radicale-socialiste était ici dans son rôle naturel, mais elle n'a pas été la seule à faire entendre ce langage. La presse monarchique a pris à cette campagne la part la plus active, oubliant que les deux Codes criminels qui nous régissent n'ont pas une origine républicaine et datent du premier empire, c'est-à-dire de ce pouvoir fort et respecté de tous les hommes d'ordre, qui apportait dans ses actes cet esprit de suite et de décision qui a manqué trop souvent aux gouvernements postérieurs.

D'après les publicistes de cette dernière nuance, la France en serait aujourd'hui, en matière d'instruction criminelle, au même point qu'il y a deux cent vingt-cinq ans ; la Bastille et les lettres de cachet existeraient toujours, avec cette différence que les murailles de l'ancienne prison d'état seraient plus hautes et plus solides que jamais ; tous les abus de l'ancien régime auraient été rétablis par la République, qui y en aurait ajouté de nouveaux ; en un mot, toutes les formes judiciaires de l'ancien régime auraient reparu et la liberté individuelle ne serait qu'un mot.

Avec ces principes communs, on devait naturellement arriver à la même conclusion : l'abolition de la législation existante et son remplacement par une législation nouvellle, « plus appropriée aux besoins et aux intérêts de notre époque. » La situation déplorable créée par de telles lois exigerait, d'après ces écrivains, un remède prompt et radical. Qu'on ne parle pas de modifications et d'améliorations de détail, une refonte générale s'imposerait absolument.

Des lois ! toujours des lois ! il faut convenir que nous sommes un peuple bien étrange. A chaque révolution, c'est-à-dire tous les vingt ou vingt-cinq ans, nous éprouvons le besoin de faire table rase des vieilles institutions qui ont abrité nos pères. Nous ne savons pas être libres de sang-froid ; nous n'avons pas la force de supporter longtemps les institutions que nous nous sommes données : nous ne craignons pas de les souffletter brutalement à la moindre contrariété, comme les sauvages, dans leurs mauvais jours, soufflettent leurs idoles, sauf à se prosterner de nouveau devant elles une fois la crise passée.

Le vieux Montaigne se plaignait, de son temps, de ce qu'il y avait en France « plus de lois que dans tout le monde ensemble et plus qu'il n'en faudrait pour régler tout les mondes d'Epicurus ». Que dirait-il s'il assistait aujourd'hui aux débats de nos deux Chambres ? Depuis l'époque où il vivait, nous éprouvons de plus en plus cette soif des lois que son bon sens nous reproche, excitée encore par l'habitude et l'ardeur du changement. Notre liberté, conquise au milieu des orages, maintenue au travers de tant d'épreuves, a conservé de son origine quelque chose d'impétueux qui s'inquiète du plus léger obstacle. Il y a en nous, s'il est permis de parler ainsi, une sorte de symétrie révolutionnaire qui aspire sans cesse à démolir les institutions les plus éprouvées. Dès que l'émeute est passée, il semble que de chaque pavé fraîchement remué doive fatalement surgir une idée destructive.

Pour en revenir aux attaques dirigées contre la législation criminelle, l'idée se présente naturelle-

ment de rechercher quelle est la cause qui a pu
susciter toutes ces invectives et toutes ces colères.

Cette cause peut être indiquée en deux mots.
Parmi les quatre cents juges d'instruction qui
appartiennent à la magistrature française, il s'est
trouvé trois ou quatre magistrats fin de siècle qui,
soit par ignorance de leur métier, soit par légèreté
de caractère, soit par absence de dignité professionnelle, ont commis les abus de pouvoir qui ont été
racontés par les journaux. C'est ainsi que des accusés auraient été arrêtés sans preuves suffisantes,
laissés au secret durant des semaines entières et
même des mois entiers, puis acquittés par le jury,
sur les conclusions de l'avocat-général lui-même.
Des aveux auraient été arrachés à d'autres par toute
sorte de tortures morales ou physiques, soit par la
faim, soit par la menace, soit par l'usage du « cabrio-
let », soit même à « coups de poing ».

Voilà, sans doute, des faits monstrueux, dont
le récit a excité parmi les honnêtes gens la
plus douloureuse impression. Mais sont-ils vrais ?
Le ministre de la justice, interpellé aux deux Chambres, a déclaré après enquête qu'ils étaient inexacts.
et qu'ils avaient été, dans tous les cas, dénaturés
et exagérés. Mais en admettant qu'ils soient bien et
dûment établis, quelles conséquences peut-on en
tirer contre nos Codes criminels ?

Peut-on me montrer au Code d'instruction criminelle, un article, un seul article qui autorise le juge
d'instruction à faire arrêter un inculpé, je ne dis
pas sans preuves directes, mais sans un ensemble
de présomptions graves et concordantes et de le
détenir en prison, lorsque ces présomptions ne se
sont pas transformées en preuves à la suite de
l'information ?

Peut-on me montrer dans ce même Code un article qui autorise le juge d'instruction à maintenir
l'inculpé au secret pendant plusieurs mois, sans
des raisons exceptionnelles dont il doit rendre
compte à ses chefs ?

Enfin, existe-t-il un article qui permette à ce magistrat « d'oublier » un inculpé en prison, c'est-à-dire de l'y laisser pendant plusieurs jours sans l'interroger ?

Non, le juge d'instruction ne peut se permettre aucun de ces actes, et, s'il se les permet, il manque à tous ses devoirs et s'expose à des poursuites judiciaires.

« Un juge d'instruction, disait un de ces jour-
« naux, peut tout contre vous, et on ne peut rien
« contre lui. Il est au-dessus de tout, de la police,
« des lois protectrices des citoyens, en un mot de
« tout, et personne n'a le droit de lui demander
« compte de l'abus qu'il fait de ce pouvoir discré-
« tionnaire, de cette dictature judiciaire devant
« laquelle tout le monde se courbe lâchement...
« ...... et remarquez bien que les juges, lors-
« qu'ils sont convaincus d'une infâmie, même d'un
« crime, ainsi que cela s'est passé dans ces der-
« niers temps, échappent à tout châtiment, la loi
« dont ils ont abusé étant impuissante contre eux ».

Si l'auteur de ces lignes avait pris la peine de consulter M. le sénateur Constans, qui a été professeur de droit, il aurait appris que la loi française n'est pas aussi impuissante qu'il le croit contre les « infâmies » et les « crimes » qu'il signale à l'indignation publique. Il saurait qu'il existe au Code pénal un article 164 qui punit d'une peine infâmante « *tout fonctionnaire, tout agent ou préposé* « *du gouvernement qui aura fait ou ordonné quelque* « *acte arbitraire ou attentatoire soit à la liberté in-* « *dividuelle, soit aux droits civiques d'un ou de* « *plusieurs citoyens.* » Les abus de pouvoir reprochés à certains magistrats tombent évidemment sous le coup de cette disposition. N'est-ce pas, en effet, attenter à la liberté individuelle et aux droits des citoyens que de décerner un mandat d'amener contre un inculpé sans indices sérieux de culpabilité ; que de prolonger sa détention sans nécessité, lorsque ces premiers indices ont disparu définitivement ; que de laisser au secret pendant des mois entiers un inculpé dont la culpabilité était si peu établie que l'avocat-général a abandonné lui-même l'accusation devant le jury ; que de retarder de plusieurs jours l'interrogatoire d'un inculpé en état de mandat d'amener, qui doit, d'après l'article 93 du Code d'instruction criminelle, être interrogé « dans les vingt-quatre heures au plus tard » ; que d'obtenir les aveux des inculpés par des tortures morales ou des violences physiques ?

Indépendamment de l'action *pénale* confiée au ministère public, il y a aussi l'action *civile*, qui est à la disposition de tout citoyen atteint dans ses intérêts par le crime, le délit et le quasi délit.

Il est admis en effet par tous les auteurs et tous les arrêts que les art. 1382 et 1383 du code civil s'appliquent aux fonctionnaires publics de tout ordre, administratif ou judiciaire, comme à tous les autres citoyens, et qu'il ne dépend que de ces derniers de poursuivre devant les tribunaux ordinaires la réparation des actes illégaux ou arbitraires dont ils ont été victimes de la part des représentants du pouvoir. N'oublions pas non plus qu'aux termes de l'art. 505 du code de procédure civile les juges peuvent être pris à partie en cas de dol, de concussion et de déni de justice. »

« Deux actions sont donc ouvertes aux citoyens qui ont été lésés par des actes arbitraires ou illégaux des agents du pouvoir : l'action pénale et l'action civile.

A ceux qui refuseraient de recourir à ces moyens, je n'aurais qu'à rappeler ces paroles de M. le sénateur Constans — les meilleures de son discours — à propos des abus de l'anthropométrie policière....

« Cette violence, nous la tolérons, et il ne s'est « pas trouvé encore un citoyen suffisamment éner-

« gique pour protester contre cet abus, déposer une
« plainte et poursuivre ceux qui commettent ces
« actes illégaux ! Véritablement, je me demande
« ce que nous sommes devenus et jusqu'à quel
« point nous sommes abaissés dans ce pays ! (1)

Pour en revenir à mon sujet, je me proposais
en commençant ce chapitre de démontrer deux
choses : la première, que la législation criminelle
ne méritait pas les reproches passionnés dont elle
a été l'objet dans ces derniers temps : la seconde,
que les citoyens n'étaient nullement désarmés,
comme l'ont prétendu quelques publicistes, contre
les abus d'autorité dont ils peuvent être victimes
de la part des agents du pouvoir. Sur ces deux
points, je crois que la lumière est faite pour tous
les esprits sincères et impartiaux.

Ce n'est pas que je veuille prétendre que la législation criminelle qui nous régit actuellement soit la
perfection idéale et qu'il ne reste plus rien à faire
pour son amélioration. La stabilité n'est pas l'immobilité, et il n'appartient à personne de s'ins-
crire en faux contre les progrès de la raison publique. J'ai indiqué moi-même, dans un livre qui a
paru il y a quelques années (2), qu'il existe encore
dans cette partie de notre législation un certain
nombre de lacunes à combler, sur lesquelles j'ap-
pelais l'attention des pouvoirs publics. Mais je suis
fortement convaincu que les principes généraux
de la loi et ses éléments essentiels doivent être
religieusement conservés, parce qu'ils donnent,
comme l'a dit notre grand criminaliste Faustin
Helie, « une égale protection aux deux intérêts que

---

(1) Discours de M. Constans au Sénat — Séance du
24 mai.

(2) *La Justice criminelle en France.* — LA ROZE et
FORCEL, éditeurs, Paris. 1890.

« toute poursuite met en lutte : l'intérêt de la société
« et celui de l'accusé ». S'il est un Code sur lequel
il serait dangereux d'opérer une refonte générale,
c'est assurément le Code d'instruction criminelle
de 1808. Il est, sinon de fondation, du moins de
rénovation récente, en ce sens qu'il a subi depuis
son origine une foule de modifications qui ont fait
disparaître successivement ses premières rigueurs.
On peut ajouter qu'il s'est approprié, dès son début,
et grâce à la collaboration des hommes éminents
chargés de le préparer, tout ce que les grands principes de liberté et d'égalité professés par les philo -
sophes du XVIIIᵉ siècle avaient de praticable. Une
semblable organisation n'est pas à démolir et à
refaire ; elle peut, elle doit être améliorée lorsque
la marche des idées et de la civilisation rendront
cette amélioration nécessaire, mais le cadre pri-
mitif doit être soigneusement conservé, car il a
pour lui l'épreuve du temps et l'approbation à peu
près unanime des jurisconsultes éminents qui ont
fait de la loi criminelle l'objet d'une étude spéciale.

J'ai déjà cité Faustin Helie, permettez-moi de
compléter la citation.

« Amendé successivement par les modifications
« auxquelles il se prêtait facilement et considéré
« dans l'ensemble de ses formes, notre Code d'ins-
« truction criminelle nous paraît la loi de procé-
« dure criminelle la moins imparfaite parmi les
« lois des peuples modernes.... Même avec ses
« défauts et ses lacunes, cette loi mérite encore
« plus d'éloges que de critiques ; elle a consacré,
« en définitive, tous les grands principes de la pro-
« cédure criminelle ; elle a renoué la chaîne des rè-
« gles, la filiation scientifique, en se rattachant aux
« législations antérieures, en y puisant les prin-
« cipes que la pratique avait éprouvés, en conci-
« liant des systèmes jusque là opposés ; elle a
« voulu étendre une protection égale sur les deux
« intérêts que toute poursuite met en lutte : l'in-

« térêt de la société et celui de l'accusé ; elle a
« suffi, depuis bien des années, à l'expédition des
« affaires criminelles ; et si quelques-unes de ses
« dispositions, principalement relatives à la police,
« ont excité de justes réclamations, nulle voix
« sérieuse ne s'est élevée pour accuser sa théorie
« générale et les formes principales de la procé-
« dure qu'elle a consacrées » (1).

Il a été beaucoup question dans ces derniers
temps, de la supériorité de la législation criminelle
anglaise sur la législation criminelle française. Pour
mon compte, il m'est impossible de partager cette
admiration irréfléchie, mise à la mode, il y a une
trentaine d'années, par Prévost-Pradol. Il me serait
facile d'établir par des citations empruntées aux
écrivains anglais eux-mêmes, que la législation
criminelle de l'Angleterre est inférieure à la nôtre
sur un grand nombre de points essentiels, même
en ce qui concerne les garanties de la liberté individuelle. Mais une semblable étude me conduirait
trop loin et dépasserait de beaucoup le but que je
me suis proposé. Je dois donc me borner à cette
simple protestation, qui m'est surtout inspirée par
le désir de relever une erreur trop répandue et
défavorable à la législation de mon pays.

Ce qu'il faut conclure des considérations qui précèdent, c'est que rien ne ressemble moins à l'ancienne législation criminelle que celle qui nous
régit aujourd'hui. La législation ancienne, s'inspi-
rant avant tout des intérêts de la « vindicte publique », s'acharnait contre le coupable et s'ingéniait
à torturer de toute manière son âme et son corps.
A l'homme qui avait commis un crime, la société

---

(1) FAUSTIN HELIE. — *Traité de l'instruction criminelle* — tome 1. p. 696.

ne devait, au dire de nos aïeux, que l'infamie, et nul ne songeait à faire servir la peine à l'amendement du coupable.

La vindicte publique a fait aujourd'hui son temps, ou plutôt elle n'est plus qu'une expression vide de sens. On ne tenaille plus, on ne roue plus, on ne coupe plus la langue ou le poignet, on ne verse plus du plomb fondu dans les plaies, on ne fait plus mourir à petit feu, on ne met plus l'inculpé a la torture pour lui arracher des aveux, on n'expose plus les condamnés sur la place publique, on ne les marque plus d'un fer rouge, on ne les promène plus la chaîne au cou d'un bout de la France à l'autre: en un mot, tous les anciens raffinements de la répression ont disparu de nos Codes et sont abandonnés aux peuplades sauvages de l'Afrique. La peine de mort elle-même, autrefois si prodiguée, n'a été maintenue que pour quelques crimes d'une gravité exceptionnelle, et si la société l'applique encore quelquefois, c'est qu'un intérêt supérieur a dû parler plus haut que toutes les protestations des philanthropes.

En résumé, la législation criminelle, fondée principalement sous l'ancien régime sur l'idée de vengeance, s'est dépouillée successivement de ses rigueurs exagérées. S'élevant de plus en plus dans la sphère de la justice morale, elle ne fait plus du châtiment qu'un acte de défense sociale.

Je me figure un de ces philosophes du XVIIIe siècle qui ont signalé avec tant d'éloquence et de courage les vices de l'ancienne législation criminelle — Voltaire, par exemple, le plus célèbre de tous — revenant au milieu de nous et se demandant quels ont été les résultats de ses revendications incessantes.

A la place de tous ces abus dont il réclamait ardemment la réforme, il trouverait :

L'égalité de tous devant la loi et devant la répression ; la suppression des prisons d'état, des cachots, des tribunaux d'exception, des bagnes, de l'expo-

sition publique, de la marque ; l'institution du jury ;
la publicité des débats ; la libre défense des accusés ; l'application de la peine de mort réduite à
une vingtaine de cas au lieu de 115 ; la loi de 1832
sur les circonstances atténuantes ; les sociétés de
patronage ; la loi sur la libération conditionnelle ; la
loi Béranger, et une foule d'autres améliorations
qu'il serait trop long d'énumérer et qui attestent
les sentiments de modération et d'humanité de la
société moderne.

Notre philosophe ne serait-il pas alors stupéfait
de lire, en juin 1897, dans un grand journal pari-
sien, classé parmi les journaux conservateurs, que
« le régime de la Bastille et des lettres de cachet
« fleurit plus que jamais en France et que rien n'est
« changé, quand aux garanties de la liberté individuelle, depuis 225 ans ».

Ingrats que nous sommes ! habitués à la possession paisible des libertés conquises, nous ne savons
pas reconnaître les nombreux rapports, les liens
intimes qui nous rattachent au passé. Nous ne
savons pas rendre justice à l'œuvre de nos pères,
à ces générations patientes qui ont semé ce que
nous avons récolté, préparant de loin ces garanties
légales dont le nom peut être nouveau, mais dont
l'origine remonte souvent aux premiers temps de
la Monarchie française.

Sur ces divers points, j'aime à croire, mon cher
Député, que votre opinion est absolument conforme
à la mienne.

III

Attaque contre la Magistrature

La campagne ouverte contre la législation crimi-
minelle française devait naturellement s'étendre à
la magistrature française.

C'est aux juges d'instruction que revenait l'honneur de recevoir les premiers coups. La presse périodique s'est acharnée d'une façon particulière contre « ces êtres abominables, plus redoutables « que tous les fauves, qu'on ne cessera de poursui- « vre jusqu'à ce qu'on leur ait brisé les dents ».

Après les juges d'instruction, est venu le tour des « gens de justice », c'est-à-dire du personnel judi- ciaire tout entier. Un journal s'étonne « qu'au mi- « lieu de l'effondrement universel, l'édifice judi- « ciaire soit encore debout, dans son insolence « vermoulue ».

Un autre journal qualifie les gens de justice de « misérables violateurs de l'humanité, aux appé- « tits féroces, pleins d'indulgence seulement pour « les bourreaux d'enfants et les empoisonneurs de « soldats ».

D'après un autre, « les magistrats jouent dans « notre société le rôle le plus vil, le plus abject, le « plus perfide..... dans la guerre implacable livrée « aux honnêtes gens ; toutes les armes leur sont « bonnes, mais la plus empoisonnée est celle qu'ils « préfèrent.... ils devraient figurer au premier rang « parmi ceux qui ont fait du mal à l'humanité..... « ce mal, ils le font non par passion et entraîne- « ment. mais par calcul et par intérêt ; en prenant « pour auxiliaire tout ce que l'esprit de parti a de « plus bas, de plus bête et de plus méchant ».

Je pourrais continuer ces citations, mais je pense, mon cher député, que celles-ci suffiront pour vous indiquer la nature et l'esprit des polémiques aux- quelles ont donné lieu les divers faits judiciaires signalés par les journaux, comme constituant des abus de pouvoir de la part de certains magistrats.

La presse était incontestablement en droit de dénoncer ces faits, de demander des explications aux pouvoirs publics, de réclamer au besoin la pu- nition des coupables, mais ne sortait-elle pas de son rôle en dirigeant contre la corporation en masse des attaques violentes et passionnées, à raison d'actes, assez mal éclaircis d'ailleurs, qui ne regardaient que trois ou quatre de ses membres? Que dans la magistrature française, il y ait quelques juges ignorants, légers, incapables, la chose est bien possible ; mais peut-on sérieusement en conclure que tous les magistrats sont ignorants, légers et incapables ? N'y a-t-il pas aussi parmi les journalistes des écrivains ignorants et malhonnêtes, qui déshonorent la plume dont ils ne savent pas se servir ? Faut-il en conclure que le journalisme ne se compose que de gens de cette sorte ?

Que, tout en dénonçant et en attaquant les faits dont il a été question, la presse eût voulu profiter de l'occasion pour comparer l'ancienne magistrature à la nouvelle, et rechercher, par simple curiosité, si, dans l'une et dans l'autre, il y avait, au même degré, le sentiment des convenances et de la dignité professionnelle, le respect des traditions, la bienveillance pour les justiciables, l'indépendance vis-à-vis du pouvoir, la modération des opinions, l'amour éclairé et religieux de la justice, en un mot, toutes ces grandes qualités qui ont fait pendant plusieurs siècles la gloire de la magistrature française ; si, dis-je, il avait convenu à la presse de se livrer à cette étude théorique, non seulement je n'aurais soulevé aucune objection contre cette pensée, mais j'y aurais applaudi du fond du cœur.

Mais ici, on le comprend, il s'agit de tout autre chose. Ce n'est pas d'un défaut de zèle ou de conduite qu'on accuse la magistrature actuelle. On parle de « couardise, de canaillerie, de déloyauté, de vénalité, » que sais-je encore ?

Voilà ce que nous avons lu tous les jours, pendant plusieurs mois, dans des journaux soi-disant conservateurs qu'on ne s'attendait guère à rencontrer dans cette mêlée. Si la presse conservatrice a pu tenir un tel langage, qu'ont dû dire les journaux socialistes et révolutionnaires ?

Pour mon compte, je ne puis comprendre que

des publiscistes aussi intelligents que ceux auxquels je fais allusion, qui se disent dévoués à la cause de l'ordre et à la défense des grands principes sociaux, ne se rendent pas mieux compte de la portée morale de semblables accusations. Le respect de la justice n'est-il plus un principe social de premier ordre ? n'est-ce pas le devoir de tout bon citoyen de considérer comme sacré et intangible ce champ-clos où se débattent chaque jour des questions touchant à nos familles, à nos fortunes, à notre honneur ? Que restera-t-il à une société comme la nôtre, si sceptique et si divisée, si on lui enseigne de douter même de la justice ? Laissons cette triste tâche aux anarchistes et gardons-nous de les imiter. Si le peuple n'a plus confiance dans ses magistrats, le lien social est rompu et la justice n'est plus qu'un mot, quel que soit le gouvernement qui nous régisse, Monarchie ou République. L'ancien contrat est brisé entre celui qui juge et celui qui est jugé. A-t-on bien réfléchi d'ailleurs qu'il y a chez tous les magistrats, quelle que soit leur origine, ce prestige particulier que ni le temps ni les révolutions ne parviendront jamais à détruire et qui les protège, aux yeux du public, contre les attaques suscitées uniquement par la passion politique ?

A ces divers points de vue, je trouve infiniment regrettable la campagne de haine et d'invectives dirigée en dernier lieu contre la magistrature actuelle. Je ne suis ni l'adversaire ni l'ennemi de la presse. Comme Tocqueville, je ne lui porte pas « cet amour complet et instantané qu'on porte aux choses souverainement bonnes », et je lui sais gré « du mal qu'elle empêche plutôt que du bien qu'elle fait ». Je reconnais qu'elle a rendu, à diverses époques, surtout aux époques troublées, de grands services, et qu'elle peut être appelée à en rendre encore dans les mêmes circonstances. Je voudrais seulement que tout en remplissant son devoir avec le même courage et la même énergie,

elle renonçât à ce pugilat quotidien, brutal et dé-
gradant, qui, si nous n'y prenons garde, finira par
dépraver les mœurs nationales et par faire de nous
un peuple de diffamateurs, de même que le peuple
romain était devenu à son déclin un peuple de
délateurs.

J'entends dire quelquefois autour de moi que,
quelque fâcheux que soit cet état de choses, il
faut en prendre son parti; qu'il s'agit d'un mal
inhérent à la presse et à peu près sans remède;
que le plus sage est de se taire et de se résigner
de bonne grâce.

Eh bien, non, je ne me tairai pas. Quelque peu
de temps que j'aie à passer encore sur la terre, je
ne cesserai de protester contre de telles tendances
et de telles mœurs. Je ne me résignerai jamais à
voir disparaître du milieu de nous cette vieille
politesse française, si appréciée par les nations
voisines, qui nous a rendus si longtemps les arbi-
tres du goût en Europe. Le combat par la plume
ne devrait-il pas avoir ses règles et ses principes
comme le combat par l'épée ? N'y a-t-il plus rien
dans nos veines du sang de ces soldats de Fonte-
noy, si polis et si braves ? Faudra-t-il désormais
ne reconnaître le courage qu'à la violence du langage et à la crudité des expressions ?

Le célèbre cri de Démosthène, plaidant contre
Eschine : « L'horrible monstre, ô Athéniens, l'horrible monstre que le calomniateur ! » est encore plus
vrai aujourd'hui à Paris qu'à Athènes, il y a un peu
plus de deux mil'e ans. Qu'est-ce, en effet, que la
calomnie du Forum, chuchotée à voix basse par
quelques spectateurs oisifs, quand on la compare
à cette calomnie de la presse, inexorable, impi-
toyable, s'attaquant à tout, aux hommes comme
aux institutions, et ne laissant ni trève ni merci à
ceux qu'elle poursuit?

Pour peu que cela continue, la presse aura tout
usé, tout démoli, par l'exagération même et la con-
tinuité infatigable de son action. Il vient un mo-

ment, qu'on en soit bien convaincu, où la puissance
de l'attaque se multiplie par sa durée comme celle
de la pesanteur par la vitesse. Le choc est irrésistible, la chute inévitable.

Quant à nous, je crains bien que nous n'ayons
perdu définitivement le secret de cette raillerie fine
et délicate, née pour ainsi dire avec la langue
française, qui distinguait nos vieux écrivains et
leur permettait d'égratigner sans déchirer, d'être
incisifs et mordants envers leurs adversaires sans
les assommer brutalement. Nous ne savons plus
plaisanter ni railler. Nous allons par le plus court
chemin à la plus grosse injure, et bientôt à la diffa-
mation. En un mot, nous sommes insolents et
grossiers, après avoir été le peuple le plus spirituel du monde entier. Est-ce là le fruit des quatre
ou cinq révolutions que nous avons traversées depuis le commencement du siècle, et ces longues
années que nous avons passées à faire et à défaire
des gouvernements n'ont-elles servi qu'à nous rendre de plus en plus intolérants les uns vis-à-vis des
autres ? Graves questions que je m'abstiens d'aborder et dont j'abandonne l'examen et la solution à
des hommes plus compétents.

Ce que je viens de dire, mon cher député, ne
s'applique qu'aux attaques dirigées par la presse
contre la magistrature. Mais il est dans cette question une partie plus intime et plus délicate, qu'il
n'est guère possible de passer sous silence dans
une étude comme celle-ci, et sur laquelle vous me
permettrez de m'expliquer en quelques mots.

Ce qui me frappe tout d'abord, ce que vous avez
pu remarquer comme moi, c'est la violence des
reproches adressés au personnel judiciaire
actuel par la plupart des sénateurs qui ont pris
part à la discussion du projet de loi. Ainsi que l'a

fait remarquer un grand journal judiciaire (1), «ces magistrats ont servi de cible, pendant six longues séances, aux partisans de la proposition. Cour de cassation, procureurs de la République, juges d'instruction, juges suppléants, tous ont été dénoncés au mépris public comme incapables, insuffisants, et comme violant journellement la loi qu'ils étaient chargés d'appliquer. Un orateur a même déclaré formellement que « la décadence dés mœurs judi-« ciaires était un fait incontestable devant lequel « tout homme qui en a l'expérience est obligé de « s'incliner ». Grave accusation sur laquelle j'aurai à revenir tout-à-l'heure. En un mot, on peut dire qu'il n'y a pas dans nos annales parlementaires d'exemple d'une discussion plus directement, plus complètement dirigée contre le personnel judiciaire.

On s'explique jusqu'à un certain point les rancunes de la presse vis-à-vis des magistrats. Il n'y a jamais eu sympathie entre le condamnant et le condamné. La presse périodique s'est livrée, sous tous les régimes, à des excès que la loi punit, et c'est le magistrat qui a dû appliquer la loi. Il n'en faut pas davantage pour justifier le dissentiment dont il s'agit. Mais quel motif pouvait porter le Sénat à se rendre, dans cette circonstance. solidaire de la presse et à s'associer à ses rancunes ?

Confusion ! contradiction ! mystère !

J'ai rappelé tout à l'heure que parmi les orateurs qui avaient défendu le projet de loi, il s'en était trouvé un qui avait formellement affirmé que depuis un certain nombre d'années « les mœurs judiciaires étaient en décadence ». Ce sénateur, c'est M. Monis, représentant de la Gironde, si je ne me trompe, et appartenant à un des groupes modérés de l'assemblée.

---

(1) *Gazette des Tribunaux,* du 30 mai 1897.

Voici en quels termes s'est exprimé l'honorable sénateur :

« Quant à moi, c'est lentement que j'en suis venu
« à la conviction que je me suis formée ; j'y suis
« venu surtout en apercevant chacun des scandales
« dont nous avons gémi... Est-ce que la décadence
« des mœurs judiciaires ne s'est pas affirmée depuis
« une quinzaine d'années ? Est-ce que le recrute-
« ment de la magistrature n'est pas une de nos
« premières préoccupations ? Est-ce que l'œuvre
« républicaine a été accomplie ? Nous avons mu-
« tilé la magistrature ; nous n'avons pu encore la
« réformer. La décadence de ses mœurs est un
« fait devant lequel tout homme qui en a l'expé-
« rience sera obligé de s'incliner. L'état de choses
« judiciaires n'est pas ce qu'il était il y a vingt ans ;
« il va chaque jour en s'aggravant » (1)

Il est à regretter que M. Monis, qui a formulé
contre le personnel judiciaire un acte d'accusation
de cette gravité, n'ait pas jugé à propos de donner
plus de développement à sa pensée et indiqué plus
clairement la nature de ses griefs Qu'entend-il
par ces mots « décadence et mœurs judiciaires ? »
Impute-t-il à la magistrature actuelle de manquer
aux devoirs de loyauté, d'impartialité, de discrétion que la loi lui impose ? dans ce cas, qu'il indi-
que des faits, qu'il désigne les magistrats coupables,
et que le garde des sceaux fasse son devoir. Tous
les honnêtes gens applaudiront à ces exécutions.

Est-ce simplement un défaut de tenue, un
goût exagéré pour les plaisirs mondains, des habitudes de légèreté et de dissipation incompatibles
avec la gravité de leurs fonctions qu'il entend reprocher à nos jeunes magistrats ?

Si telle est la pensée de M. Monis je lui dirai
que le mal existe, en effet, mais qu'il remonte bien

---

(1) *Journal officiel,* séance du 25 mai.

au-delà de vingt ans, puisque il a été signalé il y a
plus de cinquante ans par des moralistes autrement
sévères que ceux d'aujourd'hui

Voici ce que je lis, en effet, dans un discours
de rentrée d'un procureur général très érudit,
prononcé sous le gouvernement de juillet, en 1844,
c'est-à-dire à une époque où la magistrature française jouissait encore de tout son prestige et de
toute sa popularité.

« A la place de ces mœurs professionnelles, dont
« nous parlions tout à l'heure et que nos regrets
« n'auront pas la vertu de faire renaître, ne voyons-
« nous pas chaque jour s'infiltrer les mœurs des
« hommes du monde ? La magistrature craindrait-
« elle de conserver au dehors du temple quelque
« signe trop marqué de l'austérité de son minis-
« tère ? et, pour être assurée de se confondre avec
« les autres positions sociales, mettrait-elle autant
« d'empressement à rechercher les plaisirs frivoles
« et les somptuosités du luxe, que les grands ma-
« gistrats des anciens temps apportaient de soins
« à s'y dérober ? Faudrait-il nous résigner, sans
« une vive affliction, à voir les jeunes prêtres de
« la loi descendre de leurs sièges pour faire succé-
« der aux impressions d'un grand procès les émo-
« tions convulsives du tapis vert ou, pour se dé-
« lasser de l'immobilité de l'audience, par les
« attitudes variées d'une danse équivoque, qu'ils
« seront peut-être appelés plus tard à condamner
« comme immorale ».

En fait de mercuriale, en voilà une que je préfère,
à éloquence égale, à celle de l'honorable M. Monis.
Tandis que le sénateur républicain lance une accusation vague et indéterminée, le magistrat monar-
chiste dit nettement les choses et ne craint pas
de les appeler de leur nom ; il a, de plus, le mérite
assez original de faire figurer la polka, la bou l-
lotte et l'écarté dans un discours de rentrée

Ombres des Daguesseau, des Harlay, des Talon,
levez-vous et voilez-vous la face ! Qu'auriez-vous

pensé si de telles choses avaient été dites en votre
présence, un jour d'audience solennelle ?

Veut-il parler de cette agitation désordonnée de
la part des magistrats, de cette fièvre d'avancement, de ces sollicitations parlementaires incessantes vis-à-vis du ministre. qui ont déjà, à plusieurs reprises, ému l'opinion, et dont il a été
notamment ques ion dans une séance du Sénat, à
la suite du discours de M. Monis ?

Ici je m'empresse de reconnaître que le mal est
grand et que le reproche n'est que trop fondé. Il
s'agit seulement de savoir quelles sont les causes
de l'état de choses dont on se plaint et à qui en
incombe la responsabilité.

C'est ce que je vais examiner rapidement, en
toute sincérité, et à l'aide de mes souvenirs person-
nels.

Parmi les causes de la transformation des mœurs,
judiciaires, il faut placer en première ligne le pro-
fond changement qui s'est produit depuis un demi-
siècle dans notre état social tout entier.

Autrefois, le juge se fixait très-souvent dans
la ville où il exerçait ses fonctions et où devait
s'écouler sa modeste et paisible existence. Il n'é-
tait pas rare de rencontrer dans nos tribunaux des
magistrats qui finissaient leur carrière dans le pays
même où ils avaient débuté. Ils se familiarisaient
ainsi avec les mœurs des habitants et les coutumes
locales, dont la connaissance est si précieuse pour
les décisions judiciaires et surtout pour la conci-
liation des parties. De tels hommes, ayant dans le
pays leurs intérêts et leur fortune, jouissant de
l'influence héréditaire de leur famille, aimés et
connus des justiciables, qui ne pouvaient mettre
en doute leur intégrité et leur indépendance, ont
beaucoup plus fait pour la considération et le prestige de la magistrature que toutes les circulaires
de la chancellerie et toutes les mercuriales des
procureurs généraux.

Heureux, trop heureux temps, où un traitement de douze à quinze cents francs pouvait suffire à l'entretien d'une famille entiére; où la soumission s'alliait à l'indépendance; où le fonctionnaire public, à tous les degrès, était recherché, honoré, respecté; où le magistrat, en particulier, se contentait du bien accompli dans une situation modeste, dédaignant la fortune alors que tant d'autres la recherchaient avec ardeur, satisfait de la place qui lui était faite, et terminant par une fin chrétienne une existence laborieuse et irréprochable.

On dirait que plusieurs siècles séparent cette époque de la nôtre. Où sont aujourd'hui les magistrats qui ne demandent pas d'avancement et se résignent à rester attachés leur vie entière à leur modeste siège de juge? C'était, il y a une cinquantaine d'années, une rare fortune d'arriver aux honneurs de la « robe rouge ». Un titre de conseiller dans une cour d'appel était considéré par la plupart des magistrats comme le couronnement d'une longue et honorable carrière, comme l'équivalent du bâton de maréchal de France. De nos jours, les prétentions des candidats ont pris des proportions colossales. Si on se résigne encore à traverser en courant les postes inférieurs, c'est à la condition d'y rester le moins de temps possible et d'arriver bien vite aux situations les plus élevées. Tel qui possède des aptitudes tout au plus suffisantes pour faire un oficier subalterne se plaint de ne pas être, au bout de quelques années, à la tête d'un régiment.

O tempora! ò mores! combien en est-il aujourd'hui qui se contentent du vieux nid paternel, caché dans un coin paisible, tout près de la ville natale. comme celui où leurs aïeux désiraient mourir! que sont devenues ces modestes « maisons des champs, à un seul étage », avec leur petit jardin orné de quelques bandes de rosiers, où magistrats et avocats ne manquaient jamais de venir passer en famille leurs vacances, occupant leurs loisirs à

composer des vers latins, ou à écrire des traités
de géométrie? Où sont les héritiers de ce savant
jurisconsulte qui chérissait tendrement son petit
domaine « parce qu'il lui venait des parents de sa
« femme et qu'il avait toujours été participant de
« ses études et des meilleures productions de son
« esprit. »

Cette transformation des mœurs judiciaires est
assurément bien regrettable, mais comment s'en
étonner quand on songe à l'immense désordre mo-
ral où s'agite la société moderne. Tandis que tout
se meut vers l'argent, que le veau d'or compte
chaque jour un plus grand nombre d'adorateurs,
que le débordement des appétits matériels augmente dans des proportions considérables, que
les idées de désintéressement et de sacrifice sont
de plus en plus proscrites d'un monde affamé de
plaisirs faciles et de jouissances de toute sorte,
comment le personnel judiciaire aurait-il conservé
seul la simplicité et l'austérité des mœurs a· ti-
ques ?

A cette cause générale de décadence sont venues
s'ajouter des causes spéciales, qui ont achevé de
désorganiser entièrement l'ancienne institution
judiciaire.

Parlons d'abord de ce fameux décret du 1er mars
1852, qui a causé, à cette époque, dans toute la magistrature, une si vive et si douloureuse émotion.
Ce décret fixe, comme on sait, à soixante-dix ans
la retraite obligatoire des magistrats, sans tenir
aucun compte de l'état de leurs facultés intellec-
tuelles et de leurs forces physiques.

A la mobilité naturelle résultant de la fragilité
de l'existence humaine, il substitue des échéances
fixes et déterminées, escomptées longtemps d'a-
vance par les parties intéressées. Il est facile de
comprendre à quel point une semblable disposition,
jusque là inconnue dans la législation française, a
dû surexciter les idées d'ambition de la jeune ma-

gistrature. On peut dire sans exagération que le décret du 1er mars a tué l'esprit judiciaire, car il n'y a rien de plus opposé au véritable esprit judiciaire qu'une ambition excessive et une préoccupation constante d'avancement.

On s'est demandé souvent comment une telle loi, dénoncée dès son début comme injuste et odieuse, vivement attaquée sous l'Empire par toute la presse libérale, dont la légalité a même été sérieusement contestée, a pu survivre à son auteur et être appliquée aujourd'hui encore, sous un gouvernement qui a si hautement répudié les principes et les procédés du gouvernement impérial. La réponse à cette question est facile. Quand un instrument de cette nature existe, le parti vainqueur, loin de le détruire, ne cherche qu'à en tirer profit, sans se préoccuper le moins du monde de son origine. Ce qu'il condamnait la veille, il s'en sert sans scrupule le lendemain, au gré de ses passions et de ses intérêts. C'est ainsi que les choses se sont toujours passées à toutes les époques. Les gouvernements monarchiques ne pensent pas là-dessus autrement que les gouvernements démocratiques et les partisans du césarisme.

Deux autres faits, également déplorables, sont venus, postérieurement au décret du 1er mars, jeter le désordre dans l'administration judiciaire : 1o les innombrables « épurations » qui suivirent la chute de l'ancien gouvernement. et renouvelèrent à peu près tous les parquets de France ; 2o la loi du 31 août 1883, qui, sous prétexte de régénérer la magistrature, prononçait la déchéance d'un grand nombre de magistrats distingués, que les épurations n'avaient pu atteindre à cause de l'inamovibilité. Le gouvernement se trouva naturéllement obligé, dans ces circonstances, de pourvoir à un grand nombre de vacances. Quand on fait une révolution, c'est surtout sur les fonctions publiques qu'on se jette, et les fonctions judiciaires ont eu,

de tout temps, le privilège d'exciter les plus
ardentes convoitises. Les bureaux de la Chancellerie furent donc assaillis avec acharnement par
une nuée de solliciteurs venus de tous les points
de l'horizon. Je n'étonnerai personne en ajoutant
que les choix de la Chancellerie ne furent pas toujours heureux et ne furent souvent ratifiés ni par
l'opinion publique ni par les chefs hiérarchiques
eux-mêmes, qu'on ne prenait d'ailleurs guère la
peine de consulter.

Etrange contradiction ! le gouvernement ne
reprochait nullement aux magistrats qu'il frappait
d'avoir jamais manqué à leurs devoirs professionnels. Il reconnaissait leur parfaite honorabilité et
leur mérite. Le seul grief qu'il leur adressait con-
sistait à s'être trop occupés de politique, c'est-à-
dire, pour employer les termes du rapport « d'a-
voir fait entrer la politique dans la justice ».
Et pour remédier à une telle situation, il remplis-
sait les tribunaux de jeunes gens inexpérimentés,
qui n'avaient à leur actif que des titres exclusivement politiques, (et souvent quels titres !) De tels
magistrats n'étaient-ils pas condamnés d'avance,
par leurs antécédents, à prendre désormais une
part active à toutes les luttes des partis, à toutes
les agitations politiques, c'est-à-dire à devenir des
hommes de combat !

D'autre part, on annonçait bien haut à la tribune
législative que les épurations entreprises allaient
rendre à la magistrature française son indépendance et son prestige d'autrefois, qu'une ère nouvelle de considération et d'honneur allait s'ouvrir
pour elle. Et voilà que moins de vingt ans après,
des bancs du Sénat s'élève une voix républicaine
qui crie haro sur la magistrature nouvelle et déclare publiquement que non seulement l'épuration
n'a rien produit, mais que les mœurs judiciaires
sont depuis un certain nombre d'années en pleine
décadence !

Comment l'honorable sénateur n'a-t-il pas com-

pris que c'est précisément cette prétendue épuration, à laquelle il se glorifie d'avoir participé,
qui a été le signal et l'une des principales causes
de l'état de choses dont il gémit maintenant ?

En fait d'innovations. il en est une autre qui n'a
pas été plus heureuse et que je regarde, pour mon
compte, comme ayant exercé sur les mœurs du
personnel judiciaire une influence des plus funestes.
Je veux parler de la transformation de la suppléance près des tribunaux de première instance en
noviciat judiciaire.

Il est impossible de se faire la moindre illusion
à cet égard ; sauf quelques modifications, c'est
l'ancienne institution des *juges auditeurs* créée par
la Restauration et supprimée par la loi du 10 dé-
cembre 1830, qu'on cherche à rétablir sous une
autre dénomination.

Aux termes et selon l'esprit de la loi qui a orga-
nisé la magistrature, les suppléants ne devaient
être appelés à remplir les fonctions de juges que
provisoirement et dans certains cas exceptionnels.
Remplissant la même tâche que les juges titulaires,
ils devaient présenter les mêmes garanties de
savoir et d'expérience. Aussi, ce titre n'était-il
habituellement donné qu'à d'anciens avocats ou à
des officiers ministériels ayant un certain nombre
d'années de service. Tout cela est complètement
changé aujourd'hui. La plupart des suppléants
nommés près les tribunaux de première instance
ne sont autre chose que des *magistrats surnumé-
raires* Ils passent deux ou trois ans dans un tribunal, où ils remplissent des fonctions propres et
déterminées, après quoi ils sont nommés, au gré
du ministre de la justice, pourvu qu'ils soient
bien recommandés, juges titulaires ou substituts.

C'est aux juges suppléants de cette catégorie que
M. Constans faisait allusion dans un de ses discours au Sénat, quand il demandait au garde des
sceaux « Si ce n'était pas dans cette jeune famille
« d'avocats inexpérimentés, et trop souvent parmi

« ceux à qui leur début ne permet pas d'espérer un
« rôle important au barreau, qu'il était obligé de
« choisir ses magistrats. »

Et M. Constans ajoutait que « le dixième des
« tribunaux ayant pour juges d'instruction de sim-
« ples juges suppléants qu'on n'avait pas encore
« jugés capables d'être substituts, on pouvait se
« demander si l'inexpérience de ces jeunes magis-
« trats pouvait être compensée par leur dévoue-
« ment. »

Ces dernières paroles de l'ancien ministre de
l'intérieur sont faites pour éveiller d'une façon particulière l'attention de nos législateurs N'est-ce pas,
en effet, une haute imprudence d'appeler, à titre
définitif, aux graves et difficiles fonctions de juge
d'instruction, qui ont exigé, de tout temps, et exi-
gent plus que jamais aujourd'hui, des qualités
spéciales de réserve, de tact, d'intelligence, de
modération, d'indépendance, de jeunes magistrats,
assurément pleins de bonne volonté et de zèle,
mais auxquels manque généralement la connaissance du milieu dans lequel le magistrat instructeur est destiné à se mouvoir et naturellement
pressés de faire apprécier par leurs chefs l'uti-
lité de leur concours.

J'aurais bien des choses à dire là-dessus, ainsi
que sur le principe même du noviciat judiciaire,
appliqué à la suppléance, mais il me faudrait dé-
passer de beaucoup les limites que je me suis imposées. Je m'en tiens donc à la partie de la question soulevée par les débats du Sénat : « La décadence des mœurs judiciaires. »

A ce point de vue, je répète que la suppléance,
comprise et appliquée comme elle l'est aujourd'hui,
n'a fait qu'aggraver la situation qu'on déplore avec
tant de raison.

Il suffit, pour arriver à une entière conviction sur
ce point, de savoir comment les choses se passent.
Si les emplois judiciaires se distribuaient sur place,
si chaque candidat avait l'espérance de pouvoir

être en·oyé dans son pays, en s'y assurant une
position honorable, au milieu de ses parents et de
ses amis, on prendrait patience et on attendrait
d'autant plus facilement qu'on trouverait dans les
ressources de la famille une compensation aux
dépenses imposées par la nouvelle situation. Mais
la chancellerie a. sur ce point, une sorte de juris-
prudence à laquelle elle déroge rarement, c'est
d'employer le moins possible les jeunes magistrats
dans leur propre pays. C'est ainsi que le breton
est fréquemment envoyé à Marseille et le provençal
à Dunkerque,. et *vice versa*. La situation du sup-
pléant devient celle d'un modeste commis, privé
de toutes relations, inconnu de tous, à la discrétion
du ministre, qui dispose entièrement de son avenir
et peut le laisser dans son premier poste aussi
longtemps qu'il le jugera convenable. « L'avancement », ce grand mot de toutes les carrières,
devient alors, malgré l'inamovibilité, son unique
passion Une pensée incessante le tourmente, celle
de faire son chemin et de mettre en mouvement
ses protecteurs; pensée qui, tout en compromettant
la dignité du juge, peut nuire sérieusement aux
intérêts de la justice. Je le demande à tout homme
éclairé et de bonne foi : de tels magistrats offrent-ils
aux justiciables les garanties d'expérience, de ma-
turité et d'indépendance qu'ils sont en droit d'exi-
ger ? les pouvoirs publics peuvent-ils espérer de
rendre à la magistrature, par de tels procédés, la
confiance et la considération publiques ?

Si nos gouvernants veulent sérieusement atteindre ce résultat, voici ce que je n'hésite pas à leur
proposer :

Décidez-vous enfin à soumettre au Parlement une
loi bien étudiée qui établisse pour le recrutement
de la magistrature des conditions sérieuses et
sévères, de nature à empêcher les mauvais choix
et à assurer au pays des magistrats intègres, appli-

qués, indépendants. Certes, les propositions de loi ne manquent pas ; on pourrait en citer plus de vingt. Qu'il me suffise de rappeler les principales : Proposition Arago, proposition Martel, proposition Bérenger, proposition Bidard. proposition Dufaure, proposition Goblet, proposition Boysset, proposition Jules Favre, et en dernier lieu celle des députés Flandin et Bérard. Les matériaux ne manquent pas, on le voit, le gouvernement n'a que l'embarras du choix. d'autant mieux que plusieurs de ces projets ont donné lieu à de longues et savantes discussions (1).

Afin d'assurer l'indépendance de la magistrature vis-à-vis du pouvoir et de la mettre à l'abri d'injurieux soupçons, enlevez-lui le jugement de toutes les affaires où peut se mêler un intérêt politique. Qu'il y ait, à l'avenir, entre la justice et la politique, une barrière infranchissable.

Hatez-vous d'abroger ce fameux décret du 1er mars 1852, que vous trouviez détestable autrefois et qui n'est pas devenu meilleur depuis que vous l'appliquez vous-mêmes.

Renoncez à cette fausse suppléance, qui n'est au fond qu'un retour aux idées de l'ancien régime, et dont le résultat est de barrer le passage à ces hommes studieux et modestes qui, au bout d'une carrière bien remplie, ne demandent pour leur vieillesse qu'un siège de juge au sein de leur famille et de leur pays.

Enfin, ayez le courage, si vous le jugez nécessaire, de refaire les circonscriptions et de réduire le nombre des juges, en respectant tous les droits acquis. La société moderne n'a pas besoin de juges

---

(1) De toutes ces propositions, celle que je considère comme la plus complète et la meilleure au point de vue pratique, est la proposition de M. Bérenger, ancien avocat général à la Cour de Lyon, membre de l'Institut, actuellement vice-président du Sénat.

nombreux, elle a besoin de juges instruits, intègres et consciencieux.

Voilà où devraient porter surtont les réformes sur l'organisation judiciaire. Toutes les autres seraient impuissantes et chimériques

C'est naturellement au pouvoir exécutif et au pouvoir législatif que s'adressent ces dernières observations. Je ne sais si je me fais illusion, mais il me semble que je dois avoir quelque compétence pour donner mon avis sur de telles matières. Tour à tour substitut, procureur du roi et juge d'instruction, puis vice-président et président d'un tribunal chef-lieu judiciaire et siège d'une cour d'assises, j'ai pris, pendant plus de quarante ans, une part active à l'administration de la justice criminelle. Je crois donc faire une œuvre utile en offrant aux esprits consciencienx et impartiaux qni s'intéressent à ces questions le fruit de ma vieille expérience.

Quand à la magistrature actuelle, si vivement et souvent si injustement attaquée par la presse, je puis dire que ce n'est pas saus une profonde tristesse que j'assiste au désaccord, de jour en jour plus accentué, qui parait devoir s'établir, depuis un certain nombre d'années, entre elle et l'opinion. S'il m'étais permis, dans mon humble sphère, de lui donner un conseil amical et désintéressé, je lui dirais que c'est surtout en veillant sur elle-même en se consacrant exclusivement à l'œuvre de la justice, en dehors de la politique et des partis; en un mot, que c'est par la vigueur, l'indépendance du caractère et la fermeté de la conscience, bien plus que par le talent et la science, qu'elle parviendra à rentrer en possession de la popularité, de la considération et du prestige qui distinguaient l'ancienne magistrature.

Cela dit, je dépose la plume, en vous renouvellant, mon cher député, l'assurance de mes sentiments les plus dévoués.

UN ANCIEN MAGISTRAT.

Carpentras, Septembre 1897.

Carpentras,
Imprimerie J. SEGUIN.